LESESTUFE 1

DK SUPERLESER!
Alarm im Dino-Museum

DK SUPERLESER!
MARVEL
ANT-MAN UND WASP
SUPERSTARKES HELDENTEAM

DK SUPERLESER!
GROGUS ABENTEUER

DK SUPERLESER!

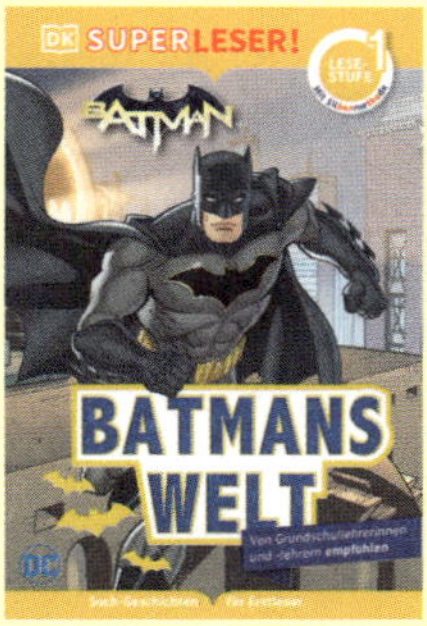
DK SUPERLESER!
BATMAN
BATMANS WELT

DK SUPERLESER!
MARVEL
CAPTAIN MARVEL
SUPERSTARKE HELDIN

DK SUPERLESER!
WOOZLE GOOZLE
GENIALE TIERE

DK SUPERLESER!
WOOZLE GOOZLE
WELTRAUMABENTEUER

DK SUPERLESER!
Hallo, Igel!

DK SUPERLESER!
Insekten
top getarnt

DK SUPERLESER!
Nachwuchs
bei uns im Zoo

DK SUPERLESER!
Tiere des Regenwalds

Klassenfahrt in den Wald

DK | Penguin Random House

Verlagsleitung Monika Schlitzer
Programmleitung Heike Faßbender
Herstellungsleitung Dorothee Whittaker
Herstellungskoordination Bettina Bähnsch
Herstellung Christine Rühmer
Umschlagreihengestaltung Sonja Gagel

Überarbeitete Neuausgabe

Text, Layout und Bildauswahl: Christine Paxmann

ISBN 978-3-8310-4749-9

Repro Farbsatz, Neuried/München
Druck und Bindung TBB, a.s., Slowakei

FSC MIX
Aus verantwortungsvollen Quellen
FSC® C022120
www.fsc.org

www.dk-verlag.de

Christine Paxmann dankt ganz besonders Bernd Lauterbach, Revierleiter bei den Bayerischen Staatsforsten, für die fachliche Beratung sowie Wolfgang Weiß, Forstamtmann bei den Bayerischen Staatsforsten, für die Bereitstellung der waldpädagogischen Bilder.

Der Verlag dankt außerdem folgenden Personen und Organisationen für die freundliche Genehmigung zum Abdruck ihrer Bilder:

(Abkürzungen: o=oben, u=unten, m=Mitte, l=links, r=rechts, g=ganz)

1 ©Paxmann. 4 123RF.com: ammentorp. **5 123RF.com:** Alexey Ivanov (ur). **Alamy Stock Photo. 6 123RF.com:** Tadashi Okabe (ur). **©Paxmann** (mr). **123RF.com:** shsphotography (or). **7 ©Paxmann** (or). **9 123RF.com:** yupiramos. **10 123RF.com:** Igor Vorobyov (ol). **Alamy Stock Photo:** Kuttig - People (ur). **11 123RF.com:** gajus (or); Catur Nur Hadi (ol); Wouter Midavaine (mro). 13 ©Paxmann. 14 123RF.com: Denis Iarkovoi (ur); Stanislav (or); Oleksandr Panchenko (Mr). **15 123RF.com:** Bernd Bölsdorf (ur); Ondrej Prosicky (or); silvia cozzi (mro); Evgenii Emelianov (mru). **16 123RF.com:** Mirela Popa (ol). **©Paxmann** (ml, ul). **17 123RF.com:** Ekaterina Budinovskaia (mro); Mykhaylo Pelin (mru). **Alamy Stock Photo:** Stocktrek Images, Inc. (o). 1**8 Alamy Stock Photo:** Cultura RM. **19 123RF.com:** areeya (or); softlight69 (mro). **20 Alamy Stock Photo:** Morley Read. **21 123RF.com:** Juraj Gallo (or). **©Paxmann** (Mo, ul). **22 123RF.com:** dolgachov. **23 123RF.com:** Nicolas Fernandez (mlu); hikersmurf (or); sergiimyronenko (mr). **24 Alamy Stock Photo:** Elizabethsalleebauer / RooM the Agency. **25 123RF.com:** gorov108 (mr); Ilya Postnikov (ur). **Alamy Stock Photo:** Elizabethsalleebauer / RooM the Agency (or). **26 123RF.com:** Paul Grecaud. **27 123RF.com:** nightlyviolet (or). **Alamy Stock Photo:** David Chapman (mru). **28 123RF.com:** darkbird (or); Yaroslav Domnitsky (ur). **29 Alamy Stock Photo:** Joaquin Corbalan pastor. **30 123RF.com:** Konrad Bak (ur). **Alamy Stock Photo**: Lumi Images (ol). **31 123RF.com:** barzdukofoto (or). **Alamy Stock Photo:** Johner Images (mr); Ekaterina Minaeva (ur). **33 123RF.com:** Benoit Chartron. **34 123RF.com:** fascinadora (or). **©Paxmann** (Ml). **123RF.com:** Olga Zakharova (ur). **35 123RF.com:** Alp Aksoy (or); Lukas Gojda (mr). **36 123RF.com:** Ewa Mazur. **37 Alamy Stock Photo:** Igor Golovniov / ZUMA Press, Inc.. **38 123RF.com:** Paul Daniels (Mru); Ivan Kmit (ol). **39 123RF.com:** htu1117. **40 ©Paxmann** (or). **123RF.com:** cherokee4 (mr). **41 123RF.com:** Stanislav Duben. **42 123RF.com:** Dmytro Gilitukha (mru); Alexander Kurlovich (or). **43 123RF.com:** Leopold Brix (or); Sergey Kochetov (mru). **44 123RF.com:** Fabian Plock (or). **Alamy Stock Photo:** Frank Hecker (mr). **45 123RF.com:** sarawut klabkasem (or). **Alamy Stock Photo:** FLPA (ur). **46 ©Paxmann** (ol, om, or). **47 ©Paxmann** (ol, or). **123RF.com:** bubutu (Mr). **48 123RF.com:** fjah (or); Jan Gorzynik (gol); Rudmer Zwerver (ol); Vasiliy Vishnevskiy (om); Rosemarie Kappler (gor). **49 123RF.com:** Gerhard Butke (gol); Volodymyr Kucherenko (ol); Ondrej Prosicky (oM); sandermeertins-photography (or); Piotr Krześlak (gor). **50 123RF.com:** Roy Pedersen. **51 ©Paxmann/Lauterbach** (or). **Alamy Stock Photo:** rumxde (mr). **©Paxmann** (ur). **52 ©Paxmann** (ml). **53 123RF.com:** leekris (mro). **Alamy Stock Photo:** Granger Historical Picture Archive (ur). **54 123RF.com:** Iuliia Malivanchuk. **55 123RF.com:** Sergey Novikov. **56 123RF.com**: Stanislav Duben. **57 ©Wolfgang Weiß** (or). **123RF.com:** Stefano Lunardi (ur). **58 123RF.com:** Elena Kazanskaya. **60 ©Wolfgang Weiß** (o). **61 ©Wolfgang Weiß** (o, m, u).

Cover: *Vorn:* **Getty Images / iStock:** pyotr021; *Hinten:* **123RF.com:** Wouter Midavaine (gor), southtownboy (gom); **Alamy Stock Photo:** Cultura RM (ml).

Inhalt

Der Hauptgewinn

In der Klasse 2a ist am Tag nach dem Sommerfest ganz schön was los. Kein Wunder: Bei der großen Schultombola hat die Klasse eine Reise gewonnen. Drei Tage im Wald!

Enis ist ganz aufgeregt, er kennt den Wald nur aus der Ferne. In seiner Heimat Syrien gibt es nur wenige Wälder. Karim hingegen ist ziemlich fit, was den Wald betrifft. Sein Großvater ist Förster. Leonie und Merle sind beste Freundinnen und beide wollen wissen, in welchen Wald die Klasse fahren wird.

Ihre Lehrerin, Frau Kerler, erklärt, dass sie in einen Mischwald in der Nähe der Stadt fahren werden. Dort gibt es ein Forsthaus extra für Schulklassen. Eine Försterin wird sie dort begleiten.

„Übernachten wir auch im Wald?“, fragt Laura, die von allen die „wilde Laura“ genannt wird.
„Bitte nicht!“, ruft Enis entsetzt. Der Wald ist ihm ein bisschen unheimlich.
„Nein, Kinder, im Wald übernachten dürfen wir nicht, aber wir werden auf dem Gelände des Landheims in kleinen Zelten schlafen“, beruhigt sie Frau Kerler.

Die Kinder freuen sich schon auf Versteckenspielen im Wald. Karim will auf Bäume klettern. Oder wird es ganz anders werden?

Was ist denn ein Wald?

Enis will wissen, was ein Mischwald ist. Karim meldet sich: „Dort stehen verschiedene Baumarten zusammen!“ „Richtig“, sagt Frau Kerler, „nämlich Laubbäume und Nadelbäume!“ Merle und Leonie wissen, dass Tanne, Fichte, Lärche, Kiefer und Douglasie zu den Nadelbäumen gehören.

Mischwald im Herbst

Nadelwald

Der schüchterne Max flüstert: „Ahorn, Linde, Birke, Buche und Eiche sind Laubbäume. Sie verlieren ihre Blätter im Winter.“ „Sehr gut, Max“, sagt Frau Kerler, „jede Klimazone hat ihre eigenen Wälder. Manche Bäume brauchen viel Wasser, andere weniger. In Gebieten mit rauem Klima gibt es nur Nadelwälder.

Birkenwald

Ihre Wurzeln sind breit und haften auch in steilem Gelände."

Enis fragt, ob die vier Bäume vor der Schule auch schon ein Wald sind?

„Nein, ein Wald ist eine größere Fläche, die hauptsächlich von Bäumen bedeckt ist. Innerhalb des Waldes ist es immer kühler als außerhalb, das nennt man das Waldklima", sagt Frau Kerler, „außerdem bestehen Wälder noch aus verschiedenen Tier- und Pflanzenarten."

In manchen Wäldern sieht es wild aus.

„Und haben wir auch Urwälder?", fragt Laura, „so mit richtig wilden Tieren?"

„Heute sind fast alle Wälder Wirtschaftswälder. Das heißt, Bäume werden angepflanzt und wieder gefällt, um Holz zu gewinnen. Wirkliche Urwälder, in denen alles wächst, wie es will, gibt es nur noch wenige. Und zu den Tieren kommen wir in einer Extrastunde!", erklärt Frau Kerler.

Das brauchen wir

Bis zur Abreise bespricht die Klasse, was sie mitnehmen muss für drei Tage im Wald. Zusammen mit einer Försterin werden sie kleine Experimente machen. Sie wird ihnen auch Fauna und Flora erklären. Das sind die lateinischen Begriffe für Tiere und Pflanzen.

Karim darf sein Fernglas mitnehmen, um Vögel zu beobachten.
Laura fragt: „Darf ich mit einem Taschenmesser den Weg freischneiden?“
Die Klasse lacht: Den Weg freischneiden, echt jetzt?

Aber Frau Kerler beruhigt sie gleich: „Unsere Försterin hat bestimmt ein Taschenmesser dabei. Wir dürfen im Wald nichts abholzen. Der Wald gehört uns nicht, wir dürfen ihn aber betreten.“

Frau Kerler schreibt auf, was sie zum Zelten brauchen:

- Rucksack und Schlafsack
- Zwiebelbekleidung (viele Schichten, die man aus- und anziehen kann)
- Regenschutz
- feste Schuhe
- Wasserflasche
- Brotzeitdose
- Zahnbürste
- Handtuch

Das brauchen die Kinder für die Arbeit im Wald:

- Becherlupe
- Erste-Hilfe-Set
- Pinzette oder Pinsel
- Baumwollsäckchen oder Dose zum Sammeln von Fundstücken

„Wem gehört eigentlich der Wald?“, will Leonie wissen. „Das ist eine gute Frage, Leonie. Der meiste Wald gehört Privatleuten. Viele Wälder gehören auch dem Staat, das nennt man Staatswald. Auch manchen Gemeinden gehört Wald, zum Beispiel der Stadtwald oder Wälder rund um Städte“, erklärt Frau Kerler. „Toll, wenn ich groß bin, will ich mir auch einen Wald kaufen“, sagt Leonie und Frau Kerler lacht.

Nur noch zwei Tage ...

Die Kinder bereiten sich auf die Reise vor. Die 2a ist eine Inklusionsklasse, das heißt, es gibt Kinder, die eine Einschränkung haben. Anna ist sehbehindert. Sie wird sich mit ihrer Freundin Maura ein Zelt teilen. Bei den Ausflügen wird ihr Maura beschreiben, was sie gerade sieht. Sie kann richtig gut erzählen.

Philip braucht auch Hilfe im Wald. Er ist gehörlos und hört nicht, wenn ein Sturm aufkommt oder wie der Kuckuck ruft oder der Rehbock schreit. Sein Zwillingsbruder Artur wird an seiner Seite sein und ihn auf die verschiedenen

Geräusche hinweisen. Artur kann auch die Gebärdensprache. Darin gibt es viele Zeichen, um Geräusche auszudrücken.

Schwarzspecht

Außerdem kann Philip Schwingungen fühlen. Wenn er die Hand an einen Baumstamm legt, erkennt er das Klopfen des Spechtes. Neben Hören, Sehen und Atmen wird das Thema „Wald fühlen“ ganz besonders wichtig sein.

„Arbeit gibt es aber auch“, sagt Frau Kerler, „wir werden ein Waldtagebuch anlegen.“

Der Wald ist ein Haus

Am Tag vor der Reise hat Frau Kerler ein Plakat mitgebracht. Darauf sind einige Bäume von der Wurzel bis zur Krone abgebildet.
„Könnt ihr euch vorstellen, was das wird?“, fragt sie die Klasse. Frau Kerler übersetzt die Frage für Philip auch in Gebärdensprache. Er meldet sich gleich. Obwohl er kaum etwas hört, kann er sehr gut sprechen: „Das sind die Stockwerke des Waldes!“ „Genau, der Wald besteht aus vier Stockwerken und einem Keller.“

„Die Wurzelschicht ist der Keller.
Mit den Wurzeln stehen die Bäume fest auf dem Boden. Hier leben Würmer und Mäuse. Über ihre Wurzeln reden Bäume sogar miteinander.“
„Das Erdgeschoss heißt Moosschicht. Hier verwandeln Pilze, winzige Lebewesen und Bodentiere herabgefallenes Laub in Erde. Moose und Flechten bilden eine

weiche Decke, die die Feuchtigkeit speichert. Dort leben Spinnen, Tausendfüßler, Insekten und Schnecken.“

„Der erste Stock ist die Krautschicht. Hier wachsen Gräser, Farne und Kräuter. Der zweite Stock ist die Strauchschicht. Hier bilden Sträucher und junge Bäume ein dichtes Gebüsch. Das kann fünf Meter hoch werden.“

„Das Dach des Waldes ist die Baumwipfelschicht. Die Baumkronen bilden bis in 40 Meter Höhe ein Blätterdach. Eulen, Eichelhäher und Eichhörnchen haben da ihre Nester. Auch Ringeltauben nisten hier.“

Wer wohnt im Wald?

Die Kinder freuen sich auf Hase, Reh, Fuchs, Hirsch, Dachs und Wildschwein. Aber Frau Kerler dämpft die Freude ein wenig. „Die meisten dieser Säugetiere sind sehr scheu und können nur mit viel Geduld beobachtet werden. Am besten ganz früh morgens und in der Dämmerung. Dann kommen die Tiere zum Fressen aus dem Dickicht. Und eine Begegnung mit Wildschweinen wäre viel zu gefährlich."

Dachs

Erdfrosch

„Aber vielleicht können wir die Tiere hören?", fragt Anna. „Aber sicher", sagt Frau Kerler, „ihr werdet Rascheln, Schreie und Zwitschern hören. Ganz sicher werdet ihr Eichhörnchen sehen. Vielleicht auch mal eine Waldspitzmaus."

Eichhörnchen

Rehe haben Duftdrüsen an den Hufen.
So markieren sie ihr Gebiet.

Getrocknete Rehspuren

Artur fragt, ob es auch Schlangen gibt. Frau Kerler antwortet: „Im Wald ist es vielen Schlangen zu kalt, aber Kröten und Frösche gibt es und vor allem jede Menge Insekten. Die Ameisen sind die Waldpolizei. Sie räumen den Wald auf und tragen Lasten, die oft schwerer sind als sie selber."

Ameisenhügel

Die Kinder sind etwas enttäuscht, dass die großen Tiere des Waldes sich verstecken. Aber Frau Kerler beruhigt sie: „Ihr werdet jede Menge Spuren entdecken, zum Beispiel die Fußabdrücke oder die Kotspuren."

Rehkötel

Die Kinder lachen. Aber Frau Kerler meint es ganz ernst. An der Größe und Form der Kötel weiß man, wer da gerade war.

Was wächst im Wald?

Frau Kerler hat noch einmal das Plakat mit den Stockwerken des Waldes aufgehängt und schreibt an die Tafel: „Ein Wald besteht hauptsächlich aus Bäumen. Aber in jedem Stockwerk wachsen auch viele andere Pflanzen."

Blaubeeren

Den Boden bilden Moose, Flechten, Gräser und Beerensträucher wie Blau- oder Heidelbeeren. Im Frühjahr duftet der Bärlauch in vielen Wäldern.

Bärlauch

Der Waldboden ist meist sehr feucht und deshalb der ideale Ort für Pilze. Pilze bilden große Geflechte. Sie bearbeiten so den Boden. In der Krautschicht begegnen uns Farne

Pilze

und Schachtelhalme. Sie gehören zu den ältesten Pflanzen auf der Welt. Es gab sie schon zur Zeit der Dinosaurier! Nur viel größer.

Farn vor 300 Millionen Jahren und heute

Gerade am Waldrand bilden Sträucher ein Dickicht. Das schützt den Wald bei Sturm und ist Lebensraum vieler Tiere. Häufige Pflanzen sind hier Holunder, Weißdorn, Brombeeren, Eberesche und Pfaffenhütchen.

Waldrand mit Kraut- und Strauchschicht

Nach der Busfahrt tragen alle ihre Sachen zum Zeltplatz.

Ankunft im Wald

Nach einer kurzen Busfahrt kommen Frau Kerler und die Klasse 2a im Landheim an. Es ist ein wunderschönes Holzhaus mitten im Wald. Um das Haus sind Zelte auf einer Wiese verteilt. Zur Begrüßung der Klasse stehen zwei Leute vor dem Haus. Es sind die Försterin Paula und die Köchin Luise.

Nach der Begrüßung zeigt Köchin Luise den Kindern ihre Schlafplätze in den Zelten und fragt, ob sie noch Isomatten unter den Schlafsäcken brauchen. Sie hat auch eine kleine Brotzeit vorbereitet. Waldluft macht hungrig, denn sie ist voller Sauerstoff und regt den Appetit an.

Die Zelte sind schon aufgebaut.

Försterin Paula hat einige Hinweise für die Tage im Wald:

- Wir sind nur Gäste im Wald.
- Wir nehmen Rücksicht auf Tiere und schrecken sie nicht auf.
- Wir reißen keine Pflanzen heraus oder zerstören Pflanzenteile.
- Wir hinterlassen keinen Müll.
- Wenn wir Pflanzen untersuchen, tun wir das mit Vorsicht.
- Wir fassen keine Tiere an.
- Wir bleiben in der Gruppe zusammen.

Försterin Paula hat ein Fernglas dabei, um die Vögel zu beobachten.

Dann gibt sie den Kindern Papier für das Waldtagebuch und Stoffbeutel für alles, was sie im Wald finden werden.

Am Baum haben alle Teile eine Funktion: von der Wurzel bis zur Krone.

Försterin Paula erzählt, dass der Wald ein wertvoller Wasserspeicher ist. Regen fällt auf die Baumkronen, ein Teil auf die darunter liegenden Pflanzen und wieder ein Teil auf den Boden. Wie ein Schwamm saugt die Erde das Wasser auf.

Über die Wurzeln nehmen die Bäume dieses Wasser auf. Dann steigt das Wasser über haarfeine Adern im Holz bis in die Baumkronen. Dort verdunstet es über die Blätter.

Auch alle anderen Pflanzen des Waldes sind Wasserspeicher. Verdunstetes Wasser fällt als Regen wieder zur Erde und alles beginnt von vorne.

Junge Eichenpflanze

Sie erzählt, dass die Menschen früher viele Dinge aus dem Wald im Alltag verwendet haben: zum Beispiel Baumharz zum Auskleiden von Holzfässern, Moose als Heilmittel für Wunden sowie Zapfen und Flechten als Brennmaterial. Kühe ließ man in den pflanzenreichen Wäldern weiden.

Auch heute dürfen in manchen Wäldern Kühe weiden.

Paula lässt die Kinder an Moosen, Tannenzweigen und Baumrinden schnuppern und erklärt, dass dort Duftstoffe enthalten sind. Besonders aromatisch riechen Pilze. Manche Tiere sondern ebenfalls Duftstoffe ab. All das ergibt die besondere Waldluft. Wasser, Licht, Klima und Art des Bodens bestimmen, wie schnell und gut ein Wald wächst und was dort wächst.

Eicheln sind Futter für Tiere.

Die Zapfen enthalten Samen.

Abends im Wald

Luise kennt sich mit Pilzen aus.

Nach dem Ausflug waschen sich die Kinder im nahen Waldbach die Hände, denn gleich gibt's Abendessen. Köchin Luise zeigt Pilze herum, die sie gesammelt hat: „Daraus mache ich ein Ragout und dazu gibt es Semmelknödel!“

Die Kinder fragen Luise, woher sie weiß, dass diese Pilze nicht giftig sind.
„Das hat mir mein Vater beigebracht.
Es gehört viel Erfahrung dazu. Das hier sind Pfifferlinge. Wisst ihr denn, was man im Wald noch Essbares finden kann?“
Enis meldet sich: „Tiere?“
Försterin Paula antwortet: „Das ist richtig, aber jagen dürfen nur Personen mit einem Jagdschein, also Förster oder Jäger.“
Dann rufen die Kinder durcheinander:
„Blaubeeren, Waldmeister, Holunder.“

Nach dem Essen schaut Frau Kerler auf die Uhr und meint: „Jetzt ist die Sonne untergegangen, bald wird man den Wald nur noch hören.“ Und schon hören alle ein wildes Quieken im Gebüsch. „Das sind Igel im Gespräch!“, sagt Försterin Paula lachend.

Waldmeister wird als Würzmittel und in der Medizin eingesetzt.

Dann hören sie eine Art Bellen. Das ist der Rehbock. Schreie gellen durch die Nacht. Der Waldkauz ruft Huhuuuu. Und dann bemerken sie eine schnelle Bewegung in der Luft. Fledermäuse! Im Halbdunkel sieht man sie durch die Luft huschen. Frau Kerler zeigt Philip auf ihrem Handy alle Tiere, die die anderen Kinder hören.

Igel können nachts ganz schön laut werden!

Im Wasserwald

Im glasklaren Wasser sammeln die Kinder Steine.

Am nächsten Morgen krabbeln die Kinder schon früh aus den Zelten. Das Vogelgezwitscher hat sie geweckt. Frau Kerler schickt die Kinder zu einer Katzenwäsche an den nahen Bach. Sie laufen barfuß durch das feuchte Gras.

Tau liegt auf den Blättern. Und das Wasser im Bach ist glasklar, fast blau. Es kommt aus Quellen im Wald. Unter dem Wald sind Gesteinsschichten und riesige natürliche Wasserspeicher. Die Gesteine reinigen das Wasser. Mineralien machen es klar und es erscheint dadurch blau.

Da kommt auch schon Paula mit Tüten voller frischer Brezeln. Köchin Luise hat Kakao in Thermoskannen gebracht. Leonie ist vom Bach so begeistert, dass sie gar nicht wieder heraus will.

Man darf nicht zimperlich sein. Waldbäche sind kalt.

Försterin Paula aber geht mit den Kindern um das Landheim herum. Dort sind drei Bahnen angelegt. Eine mit Rindenmulch, eine mit Moos und eine mit Sand. Darauf dürfen die Kinder ein Wettrennen machen. Im Anschluss diskutieren sie dann, welches Material sich am besten angefühlt hat. Eigentlich sind sich alle einig: Moos spüren ist toll.

Mit den Füßen spüren wir, ob der Boden gefährlich oder angenehm ist.

Zurück bei den Zelten vermisst Merle ihren Holzbuntstift. Max kann eine halb volle Tüte mit Nüssen nicht mehr finden. Und die Holzklötze von seinem Knobelspiel sind auch weg. Seltsam!

Wer hat die Holzklötze geklaut?

Totes Holz?

Gestapeltes Holz, fertig für den Transport

Heute führt Paula die Klasse tief in den Wald. Dort sieht es ziemlich aufgeräumt aus. Ein Baum steht neben dem anderen. Schon bald begegnen sie einer Truppe Waldarbeiter, die mit schwerem Gerät unterwegs sind und Stämme herausbringen.

Paula erklärt: „Der Wald ist eine Art Holzfabrik ohne Strom und Abgase. Förster und Waldbesitzer entscheiden, welche Bäume ‚geerntet' werden. Manche Bäume sind sehr wertvoll, zum Beispiel die widerstandsfähige Eiche. Andere Bäume wie Fichten werden beim Bau von Möbeln verwendet."

„Und warum sind hier so viele Stämme gestapelt?", fragt Karim. Paula erklärt: „Hier wurden viele Bäume gefällt, weil sie

zu dicht standen.
Wald braucht Licht,
um sich zu entwickeln.
Samen, die auf die
Erde gefallen sind,
können dann keimen
und es wachsen neue
Bäume.“

Schon nach kurzer Zeit
wachsen Pflanzen am Totholz.

„Was passiert, wenn man das
Holz einfach liegen lässt?“,
fragt Merle. Försterin Paula sagt:
„Das machen wir an vielen Stellen
gezielt, um neue Lebensräume zu
schaffen. Das nennt man Totholz.
Dort siedeln sich viele kleine,
vor allem wirbellose Tiere an.
Für sie ist das Holz Nahrung.
Auch andere Pflanzen wachsen
dort gut. Kleine Säugetiere wie
der Siebenschläfer wohnen
gerne in Höhlen von Totholz.“

Siebenschläfer haben
immer feuchte Fußballen.
Damit klettern sie gut.

Alles Holz?

Auch Frau Kerler macht beim Balancieren mit.

Nach dem Picknick auf einer Lichtung balancieren die Kinder auf einem Baumstamm. Anschließend dürfen sie Baumscheiben absägen. Alle müssen vorsichtig mit der Säge umgehen.

Dann erklärt Paula die Schichten: „Die **Borke** oder **Rinde** schützt den Baum vor Austrocknung und Wetter. Das **Korkkambium** bildet neue Rinde. Darunter liegt der **Bast**. Er verteilt Stoffe, die die Blätter aufnehmen. Dann folgt das **Kambium**, eine dünne, aber lebenswichtige Schicht, denn dort wird nach außen der Bast gebildet und nach innen Schichten aus Holz.

Sie sind die Jahresringe des Baumes. Man nennt diese Schicht **Splintholz.**“ Paula deutet auf die vielen feinen, fast kreisförmigen Linien, die von der Mitte des Baumes ausgehen: „Daran kann man das Alter eines Baumes zählen.“ Im Bauminneren ist das **Kernholz**, eine Art Müllhalde des Baumes. Dort wird kein Wasser mehr geführt, deshalb ist es fest und hart. Es ist das Rückgrat des Baumes. Oft hat es eine andere Farbe.

Dann deutet Paula auf eine kleine Kiste. Darin sind junge Bäume. Jedes Kind darf einen pflanzen. Wenn sie in 30 Jahren wiederkommen, stehen an der Stelle große Bäume. Manche von ihnen werden vielleicht über 100 Jahre alt. Ein gesunder Wald besteht aus jungen und alten Bäumen.

Wurzelballen eines jungen Baumes

Köchin Luise kennt die Namen der meisten Pflanzen.

Finden und sammeln

Am Nachmittag werden die ersten Seiten für das Waldtagebuch angefertigt. Viele wollen Pflanzen pressen. Paula erklärt, dass man nur kleine Mengen pflücken darf und welche Waldpflanzen besonders geschützt sind. Gräser gibt es reichlich. Ganz vorsichtig kann man davon ein paar Halme mitnehmen. In manchen Gegenden gibt es so viele Farne, dass man ein kleines Blatt entnehmen darf.

Waldforscher brauchen eine Lupe.

„Grundsätzlich darf man einen Handstrauß Wald- und Wiesenblumen pflücken. Aber nicht die geschützten Arten wie Eisenhut, Arnika, Enziane, Knabenkraut und viele andere. Das Naturschutzgesetz regelt das.“ „Aber wir haben ja eh nur gesammelt, was schon auf dem Boden lag oder abgeknickt war“, sagt Leonie. „Super, damit habt ihr alles richtig gemacht. Und am schönsten ist es, wenn man die Pflanzen mit einer Lupe betrachtet.“

Vor dem Pressen werden die Blüten erforscht.

Zwischen Buchseiten lassen sich Blüten gut pressen.

Frau Kerler hat die Kinder auf langen Holzbänken ihre Schätze ausbreiten lassen. Zum Pressen werden Pflanzen in ein Buch gelegt. Später werden sie auf die Papiere geklebt. Eine andere Gruppe malt ihr Bild vom Wald. Philip hat den Mischwald schön dargestellt mit Laub- und Nadelbäumen.

Philip hat die Schichten des Waldes gut gemalt.

Wer hat was vom Wald?

Kurz vor dem Abendessen sitzen alle Kinder im Kreis. Försterin Paula und Frau Kerler verteilen kleine Zettel. Die Kinder sollen aufschreiben, was Wald für sie bedeutet. Anschließend legen sie alle Zettel auf den Boden. Försterin Paula ordnet sie. So ergeben sich sechs große Bereiche, warum der Wald wichtig ist. Alle Zettel werden später in das Waldtagebuch geklebt.

Anschließend macht die Klasse noch ein Wettrennen über die große Wiese, wer als Erster beim Abendessen ist. Dabei fällt ihnen ein, dass sie unbedingt noch einen Zettel brauchen mit der Aufschrift: „Der Wald macht hungrig!“

Tiere und Pflanzen

- Der Wald ist Wohnraum vieler Tiere.
- Hier wachsen seltene Pflanzen.
- Im Wald finden Tiere Nahrung.
- Der Wald ist ein Ökosystem, in dem Pflanzen und Tiere aufeinander angewiesen sind.

Erholung und Freizeit

- Es ist so schön grün hier.
- Die Luft hier tut gut.
- Man kann darin herumlaufen.
- Man kann dort Sport machen.

Klimaschutz

- Der Wald verbessert die Luft.
- Die Blätter der Bäume verwandeln Kohlenstoff in Sauerstoff zum Atmen.
- Der Wald ist ein Wasserspeicher.

Gesundheit

- Die Waldluft ist gesund für den Menschen.
- Leben in der Natur macht glücklich und beruhigt!

Geheimnisvoll

- Viele Märchen spielen im Wald.
- Es gibt viele Gedichte über den Wald.
- Die Menschen verehren den Wald, weil er so ein schöner Ort ist.

Holzlieferant

- Die Bäume des Waldes sind ein Rohstoff.
- Man kann Holz verkaufen.
- Aus Holz werden viele Dinge gefertigt, zum Beispiel Papier, Möbel, Instrumente, Spielzeug, Werkzeuge, Kunst und ganze Häuser.

Waldnudeln

Bärlauch-Pesto ist lange haltbar.

Nach der Diskussion sind alle hungrig und helfen Köchin Luise, die Tische vor dem Haus zu decken. Es gibt Nudeln mit Bärlauch-Pesto. Das leuchtet hellgrün.

Bärlauchfeld im Frühjahr

„Den Bärlauch habe ich im Frühjahr selbst gepflückt. Natürlich nur die Menge für ein Glas Pesto. Er wächst hinter dem Haus an einem Hang im Halbschatten. Da gedeiht der Bärlauch am besten!“, erzählt Köchin Luise.

Maiglöckchen sind giftig.

„Das riecht ja wie Knoblauch!“, rufen Philip und Anna gleichzeitig. „Ganz genau“, sagt Försterin Paula, „daran erkennt man Bärlauch. Denn man kann ihn auch mit Maiglöckchen verwechseln. Beide haben eine ähnliche Blattform. So ein Irrtum kann gefährlich werden, denn Maiglöckchen sind hochgiftig!“

Eine richtige Nudelsoße aus dem Wald!

„Und wie macht man das Pesto?“, fragt Artur, der später am liebsten Koch werden will. Köchin Luise schreibt auf eine Tafel, die vor dem Haus steht, alle Zutaten.

2 Sträuße Bärlauch
3 Teelöffel Pinienkerne
50 Gramm Parmesankäse
Salz, Pfeffer
ausreichend Olivenöl

Für ein Pesto braucht man gar nicht viele Zutaten.

„Alles zusammen kommt in einen Mixer und wird püriert. Dann wird alles in Gläser gefüllt, die vorher mit kochendem Wasser keimfrei gemacht wurden. Gut verschlossen hält sich das Pesto im Kühlschrank ein paar Monate. Und heute dürft ihr es essen!“

Märchen-stunde

Rotkäppchen ist auf dem Weg zu ihrer Großmutter.

Pappsatt sind die Kinder nach dem Essen. Försterin Paula ist nach Hause gefahren. Und Frau Kerler sitzt mit den Kindern noch um eine Feuerschale, denn es ist ein wenig kühl geworden. Sie erzählt den Kindern, dass die Menschen früher den Wald als großes Geheimnis empfanden. So entstanden viele Sagen und Märchen, die im Wald spielen. Die Kinder kennen einige: Hänsel und Gretel, Rotkäppchen, Der Wolf und die sieben Geißlein.

Dass der Wald früher ein unheimlicher Ort war, lag auch daran, dass sich Räuberbanden dort versteckt haben. Oder Fallensteller und Wilddiebe.

Heute sind Wälder viel stärker überwacht. Und im Wald wohnen dürfen nur wenige Menschen. Frau Kerler erzählt, dass die Menschen früher an Waldzwerge, Waldgeister und Waldfeen geglaubt haben. Diese Wesen, die in Bäumen wohnen und eng mit der Natur verbunden sind, waren Teil vieler Naturreligionen. Bis heute werden sie in Märchen verewigt, im Film oder auch in der Malerei.

Zum Schluss erzählt Frau Kerler die Geschichte von der Waldschule. Dort ist der schlaue Uhu Lehrer. Die Kinder zählen auf, welche Tiere in seinen Unterricht kommen: „Rotkehlchen, Frosch, Grashüpfer, Marienkäfer, Schnecke, Raupe ...“ Die Kinder möchten auch so einen Unterricht im Wald haben.

Die Tiere des Waldes lernen Lesen.

Leuchten im Wald

Im Zeltlager ist es abends gemütlich.

In der Nacht ist im Wald eine besondere Stimmung. Die dichten Baumkronen lassen nur wenig Mondlicht durch.

Merle meint: „Das ist mehr als finster!“ Und Enis ergänzt: „Stockduster!“ Das Wort mag er besonders, es war eines der ersten Worte, die er auf Deutsch gelernt hat. Er findet, dass der Klang sehr gut zum Nachtwald passt.

In einer Feuerschale darf Feuer gemacht werden.

Über den Zelten funkeln die Sterne. Maura beschreibt Anna, was sie sieht. Im Schein der Taschenlampe übersetzt Artur für Philip, welche Geräusche zu hören sind.

Dann löscht Frau Kerler das Feuer in der Schale und knipst die Taschenlampe aus.

Nun sehen die Kinder über der Lichtung ein Funkeln, fast wie das der Sterne, nur viel näher. Die Kinder jubeln begeistert auf. Die kleinen Lichter lassen sich davon überhaupt nicht verschrecken.

Glühwürmchen treten immer in Schwärmen auf.

„Was ist das?“, fragt Laura und hüpft aufgeregt herum.
„Ich weiß es, das sind Glühwürmchen!“, ruft Karim begeistert, „sie leuchten in der Nacht, um einen Partner zu finden!“

„Bravo, Karim, so ist es. Etwa 2000 Leuchtkäferarten gibt es auf der Welt. Bei uns sind sie im Juni und Juli aktiv. Sie produzieren einen besonderen Stoff. Der reagiert zusammen mit Sauerstoff und gibt Licht als Energie ab. Früher dachten die Menschen, es sind die Seelen der Verstorbenen, die in der Nacht zu Besuch kommen“, erzählt Frau Kerler.

Gefahren im Wald

Henry

Am nächsten Morgen kommt Försterin Paula mit ihrem Hund Henry. Er begrüßt die Kinder fröhlich und wirkt gar nicht gefährlich.

„Paula, wir haben Glühwürmchen gesehen!", rufen die Kinder durcheinander. „Das ist aber schön!", sagt Paula.

Zecke

„Was hat Henry da?", fragt Anna, die den kleinen Hund abgetastet hat. „Das ist eine Zecke, die fängt sich Henry im Gras ein. Wir ziehen sie gleich mit der Zeckenzange heraus. Auch ihr solltet euch jeden Abend absuchen!", rät Paula.

„Wir sind alle gegen Zecken geimpft", ruft Enis. Das freut Paula: „Prima, das ist schon mal ein Schutz, leider verbreitet die Zecke mehrere Krankheiten, deshalb Augen auf!"

„Gibt es hier auch Wölfe und Bären?“, fragt Maura.
„In vielen Wäldern sind heute wieder Wolfsrudel zu Hause, hier bei uns sind noch keine gesehen worden. Bären kommen vereinzelt aus Italien über die Alpen. Wildkatzen aber gibt es öfters. Die meisten Tiere sind sehr scheu“, erklärt Paula.

Fuchs

Laura kommt aufgeregt angelaufen. „Meine kleinen Holztiere sind weg!“
„Die wird sich der Fuchs geholt haben“, meint Maura.
„Der holt sich lieber lebendige Tiere wie Mäuse. So wird der Fuchsbandwurm übertragen. Deshalb fasst bitte keine Wildtiere an!“, mahnt Paula.
Die Kinder ahnen, dass die Gefahren im Wald groß wie ein Bär oder winzig klein wie eine Maus sein können.

Försterin Paula weist auf weitere Gefahren für den Wald hin: „Durch den Klimawandel und die immer größere Trockenheit steigt die Waldbrandgefahr und Schädlinge können sich im Wald ausbreiten. Vom Borkenkäfer habt ihr schon gehört? Sie fressen Gänge unter die Rinde der Fichten in die wichtige Schicht, die den Baum mit Nährstoffen versorgt. Eschen sind von einem Pilz bedroht. Und Stürme können auch einiges Unheil anrichten. Deshalb muss der Waldrand besonders geschützt werden."

Kammern des Borkenkäfers

Försterin Paula zeigt am Waldrand auf die Krautschicht, in der viele Blumen, Gräser und Kräuter wachsen. Dahinter bildet die Strauchschicht einen Schutzschild um den Wald. So sind die Stämme der Bäume geschützt. Der Wind wird gebremst.

Waldbrand

Künstliche Teiche im Wald

„Wir Forstleute achten darauf, dass ein Wald stabil aufgebaut ist. Geschädigte Bäume müssen schnell entnommen werden. Und wir pflanzen Baumarten, die trotz Trockenheit und Klimawandel gut wachsen können. Um zusätzlich Wasser im Wald zu speichern, legen wir kleine Teiche mit einem Pflanzengürtel an“, erklärt Paula, „darin kann sich Regenwasser oder Grundwasser sammeln. An den Rändern wachsen Pflanzen, die einen geschützten Lebensraum bilden für Frösche, Vögel und Eidechsen.“

Am Fluss deutet Paula auf einen komischen Baumstumpf hin: „Das war der Biber. Der knabbert mit seinen starken Schneidezähnen die dicksten Bäume um und staut dann das Wasser mit seinen Bauten!“

Werk eines Bibers

Grusel im Wald

Nach dem Mittagessen führt Paula die Kinder wieder in den Wald. Plötzlich schreit Enis auf: „Da liegen lauter Knochen!“ Tatsächlich finden die Kinder ein Gebiss. „Hier ist ein kleines Tier gestorben, wahrscheinlich gerissen durch ein Raubtier“, erklärt Försterin Paula.

Försterin Paula zeigt einen Tierschädel her.

Unter einem Baum finden sie ein Häufchen Federn mit Knochen. „Das ist das Gewölle einer Eule. Sie verspeist ihr Opfer komplett und scheidet alles Überflüssige wieder aus.“ „Igitt“, meint Enis. „Eigentlich nicht, die Eule verwertet alles, was sie brauchen kann. Andere Vögel verwenden die Fell- und Federreste zum Nestbau. Ziemlich praktisch, oder?“, meint Paula mit einem Lachen.

Gewölle einer Eule

Schnecke

Dann treffen sie zwei Schnecken, die an einer anderen toten Schnecke herumknabbern. Paula sagt: „Schnecken sind Aasfresser. Indem sie ihre Artgenossen auffressen, nehmen sie Energie auf und reinigen den Wald.“

Enis schüttelt sich, aber dann ruft er schon wieder: „Da!“, und deutet auf ein Stück Horn. „Rehböcke werfen jedes Jahr ihr Geweih ab und ein größeres wächst nach. Daran kann man das Alter ablesen“, erklärt Försterin Paula.

Rehgehörn

„Das heißt, das Tier lebt jetzt noch?“ fragt Karim. Paula grinst: „Natürlich, wahrscheinlich versteckt es sich hier ganz in der Nähe und schaut uns zu!“

Farne als Haare, Zapfen als Nase und Baumschwämme als Bart: Fertig sind die Wald-Ungeheuer.

Wald-Ungeheuer

„Hier seht ihr etwas Lustiges!“, sagt Försterin Paula und deutet auf Baumwurzeln, die komplett mit Moos bewachsen sind. Durch Zufall sind Blätter und kleine Äste so darauf gefallen, dass kleine Gestalten erkennbar sind.

Die Kinder entdecken immer mehr dieser witzigen Wald-Ungeheuer. Und manchmal helfen sie auch ein wenig nach, indem sie Steinchen als Zähne anordnen oder Augen aus Tannenzapfen einsetzen. Bald ist der Weg mit lustigen Gesichtern gesäumt.

Ein einäugiger Riese und ein friedliches Waldkrokodil.

„Jetzt könnt ihr euch vorstellen, dass die Menschen früher gedacht haben, im Wald wohnen Geister, oder?“ Die Kinder nicken. Und haben schon wieder etwas Neues entdeckt: Die ersten kleinen Blaubeeren hängen an den niedrigen Büschen. Davon werden die Hände ganz blau, ein toller Farbstoff! Schließlich sammelt die ganze Klasse Fundstücke aus dem Wald: Moose, Zweige, Zapfen und Baumschwämme. Später werden sie auf einem großen Leintuch ihre Fundstücke passend zu den Stockwerken des Waldes anordnen.

Blaubeeren werden im Spätsommer reif.

Mönchsgrasmücke

Goldammer

Zilpzalp

Zaunkönig

Singdrossel

Mönchsgrasmücke, Goldammer, Zilpzalp und Zaunkönig singen 40–45 Minuten vor Sonnenaufgang.

Musik des Waldes

Am nächsten Morgen weckt Försterin Paula die Kinder schon sehr früh. Wirklich früh: 5 Uhr! Manche Kinder bekommen kaum ihre Augen auf, aber Paula deutet auf das Dach des Waldes, die Baumkronen: „Hört ihr die vielen Vogelstimmen? Die Vögel des Waldes fangen zu unterschiedlichen Zeiten an zu singen."

Paula hat ihr Tablet dabei und zeigt den Kindern anhand der digitalen Vogeluhr, welche Melodie jeder Vogel singt. Und tatsächlich können die Kinder schon kurz darauf einzelne Vögel im Waldkonzert erkennen und benennen.

Amsel

Rotkehlchen

Stieglitz

Fitis

Grünfink

Singdrossel, Amsel, Rotkehlchen, Stieglitz, Fitis und Grünfink singen ca. 50 Minuten vor Sonnenaufgang.

Den Kuckuck können alle am besten heraushören. Er ruft auch unermüdlich „kuckkuk, kuckkuk“ durch den Wald. „Vögel singen besonders eifrig in der Balz- und Brutzeit“, erklärt Paula, „also von April bis Ende Juli. Und meistens singen nur die Männchen, um ihr Brutgebiet abzugrenzen!“ Das Vogelstimmen-Spiel macht den Kindern großen Spaß. Besonders Anna hat ein treffsicheres Gehör. Und Philip bekommt die Töne als Rhythmus übermittelt und dann ein Bild gezeigt. Zum Beispiel zweimal schnell schlagen – tok-tok, tok-tok – das ist der Kuckuck.

Wer macht was im Wald?

Dann fragt Paula, ob die Kinder sich vorstellen könnten, im Wald zu arbeiten. Viele melden sich. Merle und Maura wollen unbedingt auch Försterin werden. Karim will Bäume fällen. Anna möchte den Waldgeruch erforschen.

Pferde beim Holzrücken

Paula erklärt, dass es ganz verschiedene Berufe gibt, die mit dem Wald zu tun haben. „Früher“, sagt Paula, „haben viele Menschen im Wald gearbeitet. Das war eine schwere, gefährliche Arbeit. Die Baumstämme wurden mit Pferden aus dem Wald gerückt. Oft wurden die Stämme auch mit dem Wasser flussabwärts geschickt. Heute leisten das große

Holzerntemaschinen.
Sie fällen, schälen und zerkleinern Bäume. Die Waldarbeiter kümmern sich um die Bäume. Sie passen auf, dass das Gleichgewicht zwischen jungen und alten Bäumen stimmt.

Holzerntemaschine

Die Försterinnen und Förster sorgen dafür, dass ein Wald alle seine Aufgaben erfüllt und dass es auch noch in 100 Jahren Wald gibt, der die Menschen erfreut. Eine große Aufgabe ist, junge Bäume vor Hirschen und Rehen zu schützen. Sie fressen die Rinde ab oder reiben sich mit dem Geweih daran. Das nennt man Verfegen. Junge Bäume werden deshalb oft mit Plastikhüllen geschützt.

Wild verfegt Baum.

Junge Bäume mit Schutzhülle

Auch die Jagd gehört zum Wald. Was und wie viel gejagt werden darf, schreibt das Gesetz vor. Förster und Jäger üben das Weidwerk aus, so heißt das Handwerk der Jagd in der Fachsprache.

Die Wildbiologen erforschen die Tiere und ihr Verhalten im Wald. Weil der Wald für die Umwelt so wichtig ist, gibt es auch viele Forstwissenschaftler, die sich Gedanken machen, wie der Wald der Zukunft aussieht.

Grünes Klassenzimmer in einem Wald bei Coburg

Merle sagt: „Ich hätte gern mein Klassenzimmer im Wald!“

Försterin Paula antwortet: „Es gibt tatsächlich das Projekt ‚Grünes Klassenzimmer‘. Das richten Forstleute zusammen mit Schulen ein.

Meist ist das eine Art Lichtung mit einem Pult und Holzstämmen zum Sitzen."
Der Unterricht findet so den ganzen Tag im Wald statt.
Die Kinder sind begeistert! „Das wollen wir auch haben!"

So ähnlich sah die Blockhütte von Henry David Thoreau aus.

Karim meint, er möchte am liebsten immer im Wald leben. Daraufhin erzählt Försterin Paula die Geschichte von Henry David Thoreau (Toro gesprochen), der vor über 200 Jahren in den USA geboren wurde. Er hat sich eine Blockhütte im Wald gebaut und dort ein Jahr lang gelebt. In der Zeit hat er auch ein Buch geschrieben.

Henry David Thoreau

Alle Pflanzen des Waldes, auch diese Farne, ergeben zusammen die gute Waldluft. Sie kann sogar Krankheiten heilen.

Seine Erfahrungen sind heute sehr wichtig. Er schreibt, dass wir das Leben mit und in der Natur wieder lernen müssen. Außerdem lehrt er uns den Respekt vor der Natur.

Heute wird in der ganzen Welt geforscht, was der Wald für den Menschen bedeutet. Man hat zum Beispiel herausgefunden, dass uns die Farbe Grün beruhigt und dass sie auf den Menschen heilend wirkt. Und in Japan hat man bereits vor vielen

Jahrzehnten ein Heilmittel erfunden, das glücklich macht. Und fast jeder von uns kann das tun: eine Stunde Spazierengehen im Wald. Die gute Waldluft sorgt dafür, dass wir uns wohlfühlen. Dieses gesunde Spazierengehen wird heute ‚Waldbaden' genannt.

„Das haben wir jetzt die drei Tage gemacht, oder?", fragt Artur.

„Genau, ihr müsstet jetzt eigentlich ziemlich fit und gut gelaunt sein!", lacht Paula. Und die Kinder beweisen es ihr, und machen noch ein Wettrennen durch den Wald.

Nach dem Wald

Nach ihrer Rückkehr in die Schule wollen die Kinder zeigen, was sie erlebt haben. Viele Fundstücke werden ausgestellt und die Stockwerke des Waldes als Plakat aufgehängt. Schließlich kommt auch noch ein Brief von Paula an. Sie hat Fotos mitgeschickt und schreibt:

Eichhörnchen sind neugierig.

„Liebe Klasse 2a, ihr werdet es nicht glauben, aber ich habe heute unseren Holzdieb auf frischer Tat ertappt. Ich saß mit Köchin Luise auf der Wiese vor dem Landheim und wir haben Himbeereis mit kleinen Holzlöffeln gegessen. Als ich meinen Löffel zur Seite gelegt habe, ist ein munteres Eichhörnchen gekommen und hat ihn geklaut! Wenig später habe ich sein Versteck in einer Baumhöhle gefunden. Dort lagen auch der Buntstift, die Klötze und die Spielfiguren. Ich schicke sie euch zurück."

Ein Bild aus Tannenzapfen wird auch ausgestellt.

Ganz klar, den Brief über das diebische Eichhörnchen und die Fotos wollen die Kinder auch ausstellen – zusammen mit ihrem Waldtagebuch. Jedes Kind hat eine Seite beigesteuert. Und nächstes Jahr wollen sie wieder in den Wald und dort eine Blockhütte bauen.

Wie die Bäume wohl in 30 Jahren aussehen?

Frau Kerler lacht: „Vielleicht sollten wir auch im Schulgarten einfach einen kleinen Wald anbauen und beobachten, wie er sich entwickelt?" Diesen Vorschlag finden die Kinder gut. Aber die Sache mit der Blockhütte werden sie nicht vergessen.

So wirst du ein Baumkenner!

Bäume kann man an ihrer Form, ihrem Stamm, der Rinde, den Blättern, Früchten und Samen unterscheiden. So legst du dein eigenes Baumlexikon an: Sammle verschiedene Blätter von Bäumen. Lass dir von einem Erwachsenen helfen, die Bäume zu bestimmen. Dann klebst du die Blätter auf Papier und schreibst die Baumnamen dazu.

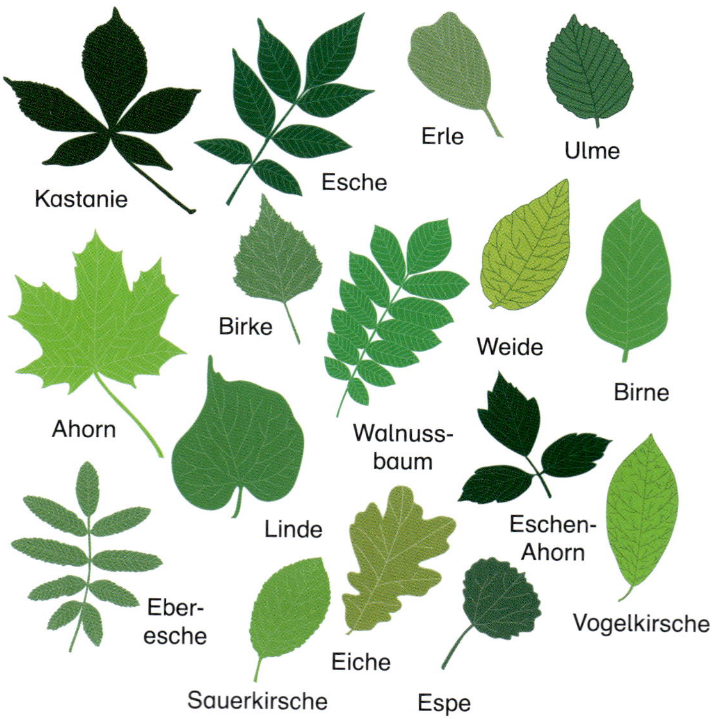

Das Wald-Quiz

1. Welche Blume kann man mit Bärlauch verwechseln?

2. Welche Früchte machen blaue Finger?

3. Welche Bäume sind das ganze Jahr grün?

4. Welche Tiere mögen junge Bäume ganz besonders?

5. Welcher Rohstoff kommt aus dem Wald und wächst immer wieder nach?

6. Wann singen Vögel besonders viel?

7. Warum lässt man Holz im Wald liegen?

8. Welcher Vogel klopft laut auf Holz?

Antworten auf Seite 64

Das kann eine Klasse als Gruppe bauen. Die Äste werden mit Papiervlies zusammengeknotet.

Zelt aus Ästen selbst gebaut

Es muss ja nicht gleich eine Blockhütte sein. Ein Zeltgerüst lässt sich viel leichter herstellen. Acht Kinder stellen sich im selben Abstand im Kreis auf. Sie halten je einen langen Ast, die anderen Kinder verlängern die Äste nach oben. Mit quer gelegten Ästen verbinden sie die senkrechten Stangen. Die natürliche Biegung der Äste ergibt die Rundung. Wenn man eine Decke darüberlegt, wird es ein gemütliches Zelt.

Für dieses Zeltgerüst verwenden wir nur Äste, die schon am Boden liegen. Auch Papiervlies ist ein Naturmaterial und verrottet nach einer Weile.

Baumgeister aus Lehm

Du brauchst:

Eine Handvoll Lehm und Fundstücke aus dem Wald wie Zweige, Zapfen, Blätter, Blumen, Ranken, kleine Stöckchen, Samen oder Rindenstücke

1. Forme aus dem Lehm eine 1 cm dicke Scheibe.

2. Klebe die Scheibe an einen Baumstamm. Der Lehm presst sich von selbst in die raue Rinde. Dabei wird der Baum nicht beschädigt.

3. Nun kannst du in die Lehmscheibe ein Gesicht formen. Zum Beispiel mit ein paar Lehmwülsten Augenbrauen und Lippen.

4. Sammle nun im Umkreis, was du auf dem Waldboden findest.

5. Die Fundstücke kannst du in die Lehmscheibe stecken und deinem Baumgeist eine Frisur, Augenbrauen und Augen geben. Du kannst ihm sogar Fingernägel aus den Zapfenschuppen eines Fichtenzapfens machen.

Deiner Fantasie sind keine Grenzen gesetzt: Diese drei Beispiele sollen dich nur anregen. Der Lehm wird langsam trocknen und für eine ganze Weile wird dein Waldgeist an dem Baumstamm hängen. Mit der Zeit wäscht der Regen alles ab.

Liebe Eltern,

Lesen macht Spaß! Denn es gibt so viele spannende Geschichten. Und Lesen ist sehr nützlich, denn viele Informationen erschließen wir uns lesend. Beides sollte Ihr Kind am Ende seines Leselern-Prozesses erfahren haben.

Mit den **SUPER**LESER!-Büchern für Erstleser möchten wir Ihrem Kind genau das vermitteln. Die Leseabenteuer in drei verschiedenen Lesestufen verbinden wunderbar spannende Geschichten mit vielen interessanten und nützlichen Sachinformationen in unterschiedlichen Textformen wie Berichten, Briefen, Bastelanleitungen, Rezepten oder Infotafeln.

So können Sie Ihr Kind dabei unterstützen, dass es begeistert und erfolgreich lesen lernt:

Haben Sie Geduld! Nicht jedes Kind ist eine geborene Leseratte und manche brauchen etwas länger, um sich mit dem Lesen anzufreunden. Lesen Sie Ihrem Kind auch weiterhin vor. Dabei bekommt es ein Gefühl für fließendes Lesen, ausdrucksstarke Sprache und richtige Betonung. Fragen Sie es immer wieder einmal, ob es Ihnen vorlesen möchte. Seien Sie geduldig. Irgendwann wird die Neugier auf die Geschichten siegen.

Je mehr, desto besser! Mit jedem Text, den Ihr Kind liest – sei es ein Gedicht, eine Geschichte oder ein Sachtext –, werden sich seine Lesefähigkeit, sein Gefühl für Sprache und sein Verständnis schwieriger Wörter weiterentwickeln. Am besten liest es regelmäßig, aber nur so lange, wie es mag. Dabei reichen am Anfang zehn Minuten völlig aus.

Nicht zu schnell! Achten Sie darauf, dass Ihr Kind sich Zeit nimmt, jedes Wort in Ruhe auszusprechen und seine Bedeutung zu verstehen. Die Sachtexte sind für Ihr Kind etwas schwerer zu lesen als die erzählenden Passagen. Loben Sie Ihr Kind, wenn es sich ein schwieriges Wort erschlossen hat oder einen Satz noch einmal anders betont liest, nachdem es den Sinn verstanden hat.

Seien Sie ein guter Zuhörer! Wenn es bereit ist, lassen Sie Ihr Kind laut vorlesen und hören Sie ihm aufmerksam zu. Unterbrechen Sie es nur, wenn es wirklich nötig ist. Oder machen Sie zwischendurch, zum Beispiel vor Beginn eines neuen Kapitels, kleine Pausen, in denen Sie über das Gelesene sprechen. Auch die Quizfragen am Buchende bieten eine spielerische Möglichkeit, das Textverständnis zu überprüfen.

Geteilte Freude ist doppelte Freude! Laden Sie andere Zuhörer und Vorleser – Geschwister, Großeltern oder gute Freunde – ein: Lesen Sie mit verteilten Rollen oder veranstalten Sie einen Lesenachmittag. Nach der ersten Aufregung werden Stolz und Freude an den geteilten Geschichten überwiegen.

Seien Sie Vorbild! Wenn Sie selbst viel lesen, wird auch Ihr Kind dies als selbstverständliche und erfüllende Beschäftigung kennenlernen.

Spaß muss sein! Wählen Sie die Bücher und Texte nach den Interessen Ihres Kindes aus. Das erhöht die Lust aufs Lesen und sorgt für lang anhaltende Motivation.

Wir wünschen Ihnen und Ihrem Kind viel Freude beim gemeinsamen Lesen!

LESESTUFE 2

DK SUPERLESER!
Annas Safari-Tagebuch

DK SUPERLESER!
Die geheime Welt der Haie

DK SUPERLESER!
STAR WARS
DIE GESCHICHTE VON DARTH VADER

DK SUPERLESER!
STAR WARS
MUTIGE HELDEN

DK SUPERLESER!
Expedition zum Mars

DK SUPERLESER!
Kampf um Burg Eliot

DK SUPERLESER!
STAR WARS
RAUMSCHIFFE DER GALAXIS

DK SUPERLESER!
WOOZLE GOOZLE
WUNDER DER WELT

DK SUPERLESER!
Klassenfahrt in den Wald

DK SUPERLESER!
Mats und Pia retten eine Robbe

DK SUPERLESER!
Paul im Fußballcamp

DK SUPERLESER!
MARVEL SPIDER-MAN
SUPERHELDEN UND SUPERSCHURKEN